Épreuves chamaniques
Shamanesque Ordeals

Francis Coffinet

The Cricket Publisher of Aurora

Published by
The Cricket Publisher of Aurora
261 Main Street, Aurora, NY 13026

ISBN-10: 0-9894972-5-9
ISBN-13: 978-0-9894972-5-1

Design: paperwork

Avec des outils précaires

j'apprends le maniement du rêve

j'avance

comme un courant chaud dans une mer gelée

autour de moi — en moi

j'entends des langues que je ne comprends pas

le combat est total

il a tout puisé dans l'œil

il ouvre chaque cellule à son sommet

il tisse le cocon du sens,

filament dans la beauté

il m'injecte la radiante de l'ange.

Le sol que l'on foule : une coquille

pays de sable

pays d'écailles —

tu me conduis si loin

le sang est lourd

ton odeur si aiguë

remugle de la première heure

le sel sous la langue.

Épreuves chamaniques

Comme tu es là

allongé dans l'herbe,

ton double

à équidistance

de l'autre côté de la voie lactée.

Réplique dans l'os —

la formation régulière d'un vol de migrateurs.

J'étrangle le feu à sa base

J'arrache une écaille au sommeil

Je rassemble le sel du rituel en petits tas réguliers —

Pourtant je viens vers toi

sans langage et sans poids —

Je tranche la brûlure en son centre

Je dévie le méridien sur ton visage d'enfant.

Une douleur aussi fine que ta pilosité —

Le désordre dans les yeux

tu te retires

remontée des sables vers le sommet —

quelle planète va inclure ton cerveau dans sa course ?

La rivière avance

Souterraine et lactée —

Le feu se propage —

Je voyage seul, de nuit

j'acclimate au mouvement

j'initie les manœuvres —

sarbacane mentale

je lance vers les fils fléchettes de sureau et de rêve —

Pression sur le ménisque,

dans le canyon de la cheville

et sur les os du front.

Le poème conduit seul.

Je suis passé par l'anneau des couleurs

la vie a déployé en moi

son serpent d'Euclide.

Épreuves chamaniques

Le fleuve te porte en ses deux langages

le flux indécis ravage la berge

chutes de fleurs à l'intérieur des corps,

la souffrance pose ses attelles jusque sur le vide

injection du sommet de la flamme

le poison digère le poison —

l'antidote fond entre tes doigts comme une corolle de glace.

J'ai broyé au noir des pans entiers de ciel

vus d'ici

à peine la surface d'une main —

travail des crissements

étincelles sèches —

le savoir non révélé

le calcul craqué de l'ongle.

Merveille de la toute faiblesse

lévitation de la carte des corps
au-dessus de la carte du monde

tes lèvres restent jointes
c'est tout ton visage qui prononce.

De mes mains

je dégage une piste dans l'oreille

j'applique directement le verbe sur le tympan

par la cécité des roses

je remonte à la source

ça explose sous l'aisselle

je reprends lentement mes grands travaux de nuit.

Je bois par tes lèvres

je parle par tes lèvres

je t'approche au compas –

les heures réduisent leur surface

figure rétractée de la griffe

chaque trait que je tire

couvre l'un de tes mots –

émission de la langue close –

tout ce que je perçois de toi

m'arrive par la voix inversée du sens.

La nuit sur le front

le feu aux chevilles et aux poignets —

on masque les fils

on noue leurs visages

— une génération maudite —

lentement la guerre prend la place du soleil

le vent tourne

on ne quitte plus l'oubli des yeux.

Il n'y a plus d'été

seule l'ossature du feu —

on voyage dans une langue perdue

le destin se lit à travers la peau.

Tout se met à l'œuvre dans les zones les plus pâles

nervures des sons dans la transparence de l'oreille

parole dans la spirale du sang —

crimes et aurores occupent le même triangle sur le front.

Épreuves chamaniques

Mes poèmes sont mes heures,

de fins muscles de mots

qui épuisent mon histoire.

La langue amère de la question

joue sur toute la surface de ta peau

elle en décrypte les codes tranchants

elle en broie les cristaux inclus

marine entre les mers

elle emporte tout ce qu'elle touche.

Épreuves chamaniques

Je parcours ton chemin

jusqu'aux dernières odeurs —

plusieurs tours de terre en une seule nuit

puis je reviens

la lumière s'évase

je racle les follicules de ta peau

une alchimie avec boutons d'or et instruments de chirurgie.

Une lame de sommeil

glissée par l'incision

tu vas comme porté par la matière même de la pensée —

tout ce qui fut prononcé demeure

la mort humide à la pointe du pinceau

le frisson sur la lèvre.

Tu récites l'alphabet à rebours

tu avales l'histoire

tu en nappes l'intérieur de ta bouche —

ta pupille se dilate sur le monde à la vitesse du crépuscule,

occlusion de la fleur lente —

une pierre ricoche sur le sens

la belle nuit se déchire au creux de ton magma

et il te reste autant de veines à suivre du doigt

que de trajectoires d'étoiles.

J'appelle les papillons tactiles

le monde glisse sur ta peau —

pas de récif

pas de mains qui retiennent —

un ballet ou ceux qui s'endorment sur les yeux

se réveillent sur les lèvres.

Le vol :

une science à l'intérieur du vol —

un cœur dans le cœur.

Le sommeil inverse la marée des cils

bâtonnets d'acide et hurlement dans les raffineries du rêve.

Shamanesque Ordeals
    Épreuves chamaniques

Francis Coffinet
Translated by James W. Haenlin

With precarious tools

I learn to manipulate the dream

I progress

like a hot current in a frozen sea

all around me – in me

I hear languages I don't comprehend

the combat is fierce

it drew everything from the eye

it opens each cell at its summit

it weaves the cocoon of meaning,

filament in the beauty

injecting me with the radiant of the angel.

The earth we tread: a shell

land of sand

land of scales –

you lead me so far

the blood heavy

your odor so sharp

pungent odor of the first hour

salt beneath the tongue.

As you are there

lying in the grass,

your double

equidistant

from the other edge of the Milky Way.

Replication in the bone —

the ordered formation of a migrating flock.

I throttle the fire at its base

I rip a scale from slumber

I gather the ritual salt in small regular piles —

Yet I come to you

without language without weight —

I carve the burn at its center

I deflect the meridian on your childlike face.

A pain just as fine as your pilosity —

Disorder in your eyes

you withdraw

sands driven toward the summit —

what planet will encircle your brain in its orbit?

Shamanesque Ordeals

The river flows

subterranean and milky —

the fire spreads —

I travel alone, by night

I introduce the movement

I initiate the maneuvers —

mental blow gun

I blow at the sons darts of elder and dream —

Pressure on the meniscus,

in the canyon of the ankle

and on the brow bones.

The poem drives on alone.

I passed through the ring of colors

life deployed in me

its Euclidian serpent.

The river carries you in its two languages

the undecided flow ravages the shore

falling flowers inside the bodies,

suffering lays its splints right on the void

injection of the summit of the flame

poison digests poison —

the antidote dissolves between your fingers like a corolla of ice.

I ground into blackness whole panels of sky

seen from here

barely the span of a hand —

crunching work

dry sparks —

knowledge unrevealed

cracked calculation of the nails.

Marvel of total frailty

levitation of the map of the bodies
above the map of the world

your lips remain joined
yet your entire face pronounces.

With my hands

I clear a path in the ear

I apply the verb directly to the eardrum

by the blindness of the roses

I climb back to the source

it explodes in the armpit

I slowly return to my grand nighttime labors.

Shamanesque Ordeals

I drink through your lips

I speak through your lips

I approach you by compass points —

the hours reduce their surface

retracted figure of the claw

each line that I draw

covers one of your words —

secretion of the closed tongue —

all that I perceive of you

comes to me from the inverted voice of meaning.

Night on the brow

fire on ankles and wrists —

we mask the sons

we knot their faces

— a cursed generation —

slowly war takes the place of the sun

the wind turns

      no more do we avert our gaze from oblivion.

There is no more summer

      only the framework of fire —

we travel in a lost language

destiny is read through the skin.

All is set in motion in the palest zones

veins of sound in the transparency of the ear

the word in the spiral of blood —

crimes, dawns share the same triangle on the brow.

My poems are my hours,

fine muscles of words

that drain my history dry.

The bitter tongue of the question

plays on the entire surface of your skin

deciphering its trenchant codes

grinding its inclusive crystals

marine between the seas

it carries off all that it touches.

I travel your path

right to the last aroma —

several circuits of the earth in a single night

then I return

the light flares

I scrape the pores off your skin

an alchemy of gold buttons and surgical tools.

A blade of sleep

inserted in the incision

you walk as if carried by the very matter of thought —

all that was pronounced remains

humid death on the tip of the brush

shiver on the lip.

You recite the alphabet backwards

you swallow history

coating your mouth with it —

your pupil dilates on the world at the speed of twilight,

occlusion of the slow flower —

a stone ricochets off meaning

the grand night tears itself apart in the depths of your magma

and you are left with as many veins to trace with your finger

as there are star trajectories.

I call to the tactile butterflies

the world slides on your skin —

no reef

no hands that retain —

a ballet in which they who fall asleep on the eyes

wake up on the lips.

The flight:

a science within the flight —

a heart within the heart.

Sleep reverses the tide of the eyelashes

rods of acid, a scream in the refineries of the dream.

Du même auteur

Le corps s'occulte, Brandes avec une eau forte d'Anne-Marie Soulcié

Instants, Brandes avec une linogravure de laurent Debut

D'air et de boue, Les Cahiers Bleus

La terre et la tempe, Les Cahiers Bleus bilingue franco/bulgare – traduction de Nicolaï Kantchev

Une aiguille dans le cœur, Le Givre de l'Éclair

Contre le front du temps, Le Mont Analogue

L'argile des voyous, Le Mont Analogue

Marche sur le continent en veille, Les Cahiers Bleus bilingue franco/roumain – traduction d'Horia Badescu préface de Salah Stétié – frontispice de Jérôme Sterbecq

Les armes du silence, L. Mauguin

Aux effluves comme aux estuaires, Le Givre de l' Éclair

Épreuves chamaniques, Alidades

Les fleuves du sixième sens, Dumerchez

Je suis allé au soufre natif, zurfluh / les Cahiers Bleus

Les ambassades du vide, L' Oreille du Loup

L'argile des voyous suivi de *J'incise le défi* (nouvelle édition) – Alidades

La nuit triangulaire – Alidades

Voyageurs des sept songes – Alidades

Selected Poems in translation – in TRANSOM 10 – transomjournal.com

Adaptation en français de *Printemps et Ashura* de Kenji Miyazawa (traduction de Françoise Lecoeur) Fata Morgana

Livres d'artiste :

Une fleur sous l'acide, avec Jean-Pierre Thomas

En une seule nuit / La tiédeur des formes / La mystique du rossignol / Brocéliande Quatre livrets numérotés, manuscrits et peints par J.P. Thomas, collection *Papillons*

Ligne de vie en Rizhome – gravures de Thérèse Boucraut

Une grande résolution vibrée / Un champ de sel où tu te roules / La table des simples
Livres créés et peints par J.P. Thomas collections *Éventails Mallarmé*

J'incise le défi, *Editions du Mauvais Pas* avec quatre lithographies de Jérémy Chabaud

J'éveille les dormants et ***Je dose le diamant*** avec J.P. Thomas *Le Livre Pauvre* (Daniel Leuwers)

Aux effluves comme aux estuaires, aquarelles d'Eva Wellesz Carré, Transignum

J'ouvre les solitaires dans leur longueur, peinture de Gérard Serée, Atelier Gestes et Traces

Un requiem dans le viseur, Ouvrage d'artiste publié dans la collection des « livres ardoises »
Édition Transignum (avec Wanda Mihuléac)

Je lis ton histoire à travers la finesse de tes paupières – traduction de François Bruzzo

(Leggo la tua storia attraverso la sottigliezza delle tue palpebre)
Avec une œuvre originale de Giusto Pilan
Éditions franco-italiennes Cinigie (tirage limité)

Perfusion d'obscur
Avec six photographies de Mireille Pélindé Rian – 170 exemplaires numérotés.
Édition Le Frau / Odile fix – Reprographie esat-cat Clermond-Ferrand

Lumière venue par consentement – (tirage limité) – collages originaux de Max Partezana (Paris – Arcachon)